SURPRISE

DE LA

VILLE D'AVESNES

PAR LES FRANÇAIS

en 1523

Par Ernest MATTHIEU,

AVOCAT, DOCTEUR EN SCIENCES POLITIQUES ET ADMINISTRATIVES,
CORRESPONDANT DE LA SOCIÉTÉ ACADÉMIQUE D'AGRICULTURE,
DE SCIENCES ET D'ARTS DE DOUAI, ETC.

Avec une introduction du Comité de rédaction des *Souvenirs de la Flandre wallonne.*

DOUAI

LUCIEN CRÉPIN, ÉDITEUR

IMPRIMEUR DES SOCIÉTÉS SCIENTIFIQUES ET LITTÉRAIRES DE DOUAI

23, rue de la Madeleine, 23.

1887

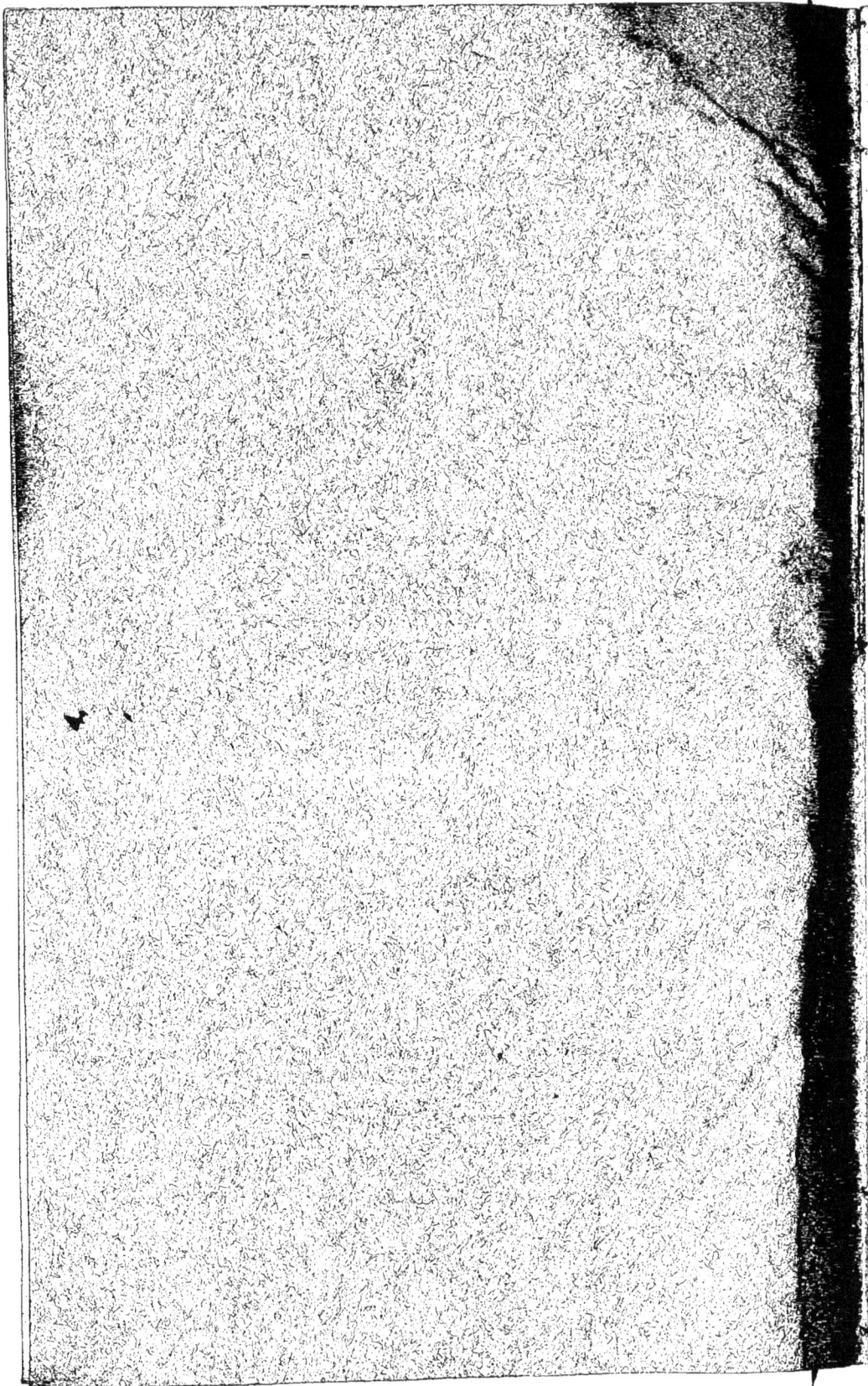

SURPRISE

DE LA

VILLE D'AVESNES

En 1523.

SURPRISE

DE LA

VILLE D'AVESNES

PAR LES FRANÇAIS

en 1523

Par Ernest MATTHIEU,

AVOCAT, DOCTEUR EN SCIENCES POLITIQUES ET ADMINISTRATIVES,
CORRESPONDANT DE LA SOCIÉTÉ ACADÉMIQUE D'AGRICULTURE,
DE SCIENCES ET D'ARTS DE DOUAI, ETC.

Avec une introduction du Comité de rédaction des *Souvenirs de la Flandre wallonne.*

DOUAI
LUCIEN CRÉPIN, ÉDITEUR
IMPRIMEUR DES SOCIÉTÉS SCIENTIFIQUES ET LITTÉRAIRES DE DOUAI
23, rue de la Madeleine, 23.
1887

Extrait des *Souvenirs de la Flandre wallonne*, 3ᵉ série, tome VI.

———————————

Tiré à soixante-quinze exemplaires numérotés.

N° ——————————

SURPRISE

DE LA

VILLE D'AVESNES

PAR LES FRANÇAIS

en **1523**.

On lira avec intérêt la notice de notre correspondant de Mons et d'Enghien, M. Ernest Matthieu, et
les documents qu'il a découverts sur une surprise de
la ville forte d'Avesnes, effectuée par les troupes de
François Ier, en 1523 ; cet incident de la guerre entre
la France et l'Allemagne, lors de la rivalité entre le
roi et l'empereur, avait passé inaperçu devant nos
historiens et nos chroniqueurs.

A l'occasion de l'histoire d'Avesnes, nous rele-
vons, dans la publication de M. le comte Hector de
La Ferrière, *Lettres de Catherine de Médicis* (Paris,
imprimerie nationale, 1880, in-4°, I, pages 90-91),
une grosse bévue commise par l'éditeur, qui attribue
à son héroïne une lettre officielle adressée, vers le
milieu de juillet 1554, au bailli d'Avesnes, place
alors au pouvoir des impériaux. Quelle qu'ait été

plus tard la rouerie politique de Catherine de Médicis, ce serait vraiment extraordinaire que, dès
l'an 1554, alors qu'elle était, il est vrai, l'épouse du
roi Henri II, mais sans aucune influence dans les
affaires, elle eût pu correspondre directement avec le
bailli d'une place ennemie et, mieux encore, lui
donner des ordres pour la conduite de la guerre !

En réalité, la lettre publiée par M. de La Ferrière
n'est point signée « Caterine », mais « C. de
Lalaing »; elle émane de Charles II, comte de Lalaing,
grand bailli de Hainaut et, par conséquent, supérieur
du bailli d'Avesnes. Elle a dû être écrite à Mons.
Lalaing aura envoyé une copie de sa lettre, traitant
d'affaires militaires, au général de l'armée impériale
qui opérait dans les Pays-Bas contre les Français, le
duc de Savoie : c'est pourquoi cette copie repose aux
archives de Turin. Ce duc est du reste nommé dans
la même missive.

L'éditeur de cette publication, qui a pris place
dans la *Collection de documents inédits sur l'histoire
de France, publiés par les soins du ministre de
l'instruction publique*, n'est pas plus heureux en
croyant découvrir, dans « le sieur de Trelon », dési-
gné dans la même lettre, « le poëte Claude Trellon,
dont les œuvres poétiques ont été imprimées en 1554 ».
Il s'agit de Louis de Blois, seigneur de Trélon, capitaine au service de Charles-Quint. (Voir le P. An-
selme, VII, 99.)

Le Comité de rédaction
des *Souvenirs de la Flandre wallonne.*

L'élection de Charles-Quint comme empereur d'Allemagne suscita contre lui la rivalité du roi de France, François Ier, son compétiteur malheureux. Cette rivalité alluma bientôt entre eux une guerre longue et onéreuse dont la Flandre et le Hainaut furent, à partir de l'année 1521, fréquemment le théâtre.

Une particularité de ces campagnes si désastreuses pour nos provinces est la surprise d'Avesnes par une armée française le 18 décembre 1523. Les historiens l'ont passée sous silence et les écrivains locaux, notamment MM. Lebeau et Michaux, qui ont consacré à leur ville natale de consciencieuses monographies (1), n'ont pas même mentionné cet événement. Des renseignements tout à fait inédits nous permettent de combler une lacune assez notable de l'histoire d'Avesnes.

Sans doute le fait dont nous allons nous occuper n'est pas un épisode marquant de la campagne de 1521 à 1525 ; ses conséquences n'exercèrent pas une influence décisive sur la direction des opérations militaires. Notre récit est plutôt l'exposé d'une des luttes d'avant-poste, ou mieux d'une escarmouche, qui accompagne d'ordinaire les guerres de longue durée. Toutefois la prise de possession d'Avesnes par des troupes françaises provoqua, comme on le verra, de la part de la gouvernante des Pays-Bas, des mesures énergiques pour la défense des frontières du

(1) *Précis de l'histoire d'Avesnes*, par Lebeau, Avesnes, 1835, in-8°. — *Chronologie historique des seigneurs d'Avesnes*, par Michaux aîné, Avesnes, 1844, in-8°.

Hainaut. A ce titre, il ne sera pas sans intérêt de s'occuper d'un fait qui mérite l'attention des historiens de l'ancien comté hennuyer.

Dès le printemps de l'année 1523, il s'était réuni sur les confins du Hainaut, vers Saint-Quentin, Guise, Vervins, une troupe de guerriers français forte de six à sept mille hommes de pied, de deux cents cavaliers et d'une petite artillerie. Cette troupe avait débuté par quelques incursions sur le territoire ennemi et menaçait d'assaillir les villes frontières, notamment Avesnes, Maubeuge et Landrecies.

Avesnes était, semble-t-il, la moins en état de se défendre. Ses fortifications avaient été détruites en 1477 par le roi Louis XI ; mais dès 1493 le magistrat de la ville avait été autorisé à lever un droit de maltôte sur le vin et la bière, à charge d'en employer le produit à la réparation des ouvrages de la place. On doit inférer de cette autorisation que les fortifications avaient été relevées à l'époque qui nous occupe, au moins en grande partie, mais peut-être pas de manière à satisfaire aux exigences militaires ; car nous voyons qu'après 1533 on reconstruit presque totalement les remparts.

Le magistrat d'Avesnes s'était ému à la nouvelle du rassemblement considérable de troupes qui s'effectuait à la frontière française ; il s'adressa sans retard à la ville de Mons, pour demander aide et assistance. Après avoir exposé la position critique de leur ville, les échevins d'Avesnes sollicitaient l'envoi immédiat

de « iij ou iiij bonbardiers et harquebusiers, d'une
» tonne de fine pouldre et du ploncq, pour ce qu'ilz
» n'en estoient pourveuz, qu'en ce faisant leur sera
» donnet corraige d'eulx deffendre, et sera grande-
» ment le proffit et bien de la ville » de Mons.

Dans sa réunion tenue après le 28 mars (1), le
conseil de la ville de Mons, « attendu la grande
» nécessité où l'on perchevoit les affaires, telz que
» les dictes lettres contiennent et qu'il est besoing y
» subvenir pour la garde des frontières, conclud de
» leur envoyer demye-thonne de fine pouldre et j°
» autre demye-tonne de grosse pouldre. *Item*, que
» l'on leur envoyera deux kanonniers sachant ma-
» nyer les gros bestons, avecq publyer s'il y avoit
» compaignons qui ne sont de serment les y envoyer
» et leur baillier à chacun xx patards, pour ceste
» despense recouvrer sur le pays. Envoyer hastive-
» ment les lettrez devers Madame et Monsr le bailly
» et les députez, aussi avoir lettrez de Mess^r^s des
» finances, pour passer au receveur des aydes la des-
» pense. Aussi envoyer sur les frontières (2). »

Si le magistrat d'Avesnes avait pris les mesures
nécessaires pour protéger la ville contre une attaque
des Français, la gouvernante des Pays-Bas, Marguerite d'Autriche, informée de ce qui se passait, avait,
dès le 2 avril, prescrit au grand bailli de Hainaut
de faire publier dans tout le comté l'ordre à tous les
hommes valides de se tenir armés, prêts à marcher

(1) La date est restée en blanc.
(2) 6e Registre des consaux de la ville de Mons, f° xxxix v° à
xl. Archives communales de Mons.

au premier signal (1). En même, temps la régente écrivait au seigneur de Trazegnies, capitaine général du Hainaut, de se porter, avec ses troupes, sur la frontière menacée.

Marguerite avait fait exprimer sans retard au conseil de ville de Mons ses remerciements pour les secours qu'il avait envoyés à la ville d'Avesnes (2).

Telles étaient les dispositions prises de la part des belligérants, au début de la campagne de 1523. La bonne saison se passa à s'observer réciproquement ; il y eut bien quelques escarmouches, mais sans importance.

Dans la nuit du 18 au 19 décembre, les Français, profitant du défaut de guet, prirent d'assaut, sans coup férir, la place d'Avesnes. La nouvelle de cet événement fut connue dès le matin à Mons, où étaient alors réunis les états de la province, en session ordinaire. La réunion ne put avoir lieu, car plusieurs des nobles partirent immédiatement pour veiller eux-mêmes à la défense de leurs seigneuries. Le grand bailli de Hainaut lança, le même jour, un mandement dans tout le comté, pour enrôler tous les habitants, depuis 20 jusque 50 ans et les tenir prêts à partir aussitôt que la défense du pays le requerrait (3).

(1) Voir annexe I.

(2) « Il fu aussi fait rapport que madame la régente savoit bon gret de l'adresche faite de pouldre et gens envoyet à Avesnes, que pour ceste raison faire avoir descharge de ceulx des finances et, de fait, ordonna envoyer par escript la despense que la ville y poelt avoir faite, en ceste part, de ladite pouldre et autrement. » Registre des consaux de Mons, f° xlj v°.

(3) Voir annexe II.

Avesnes ne resta pas longtemps au pouvoir des Français ; les documents ne nous indiquent pas de quelle façon cette ville rentra sous la domination de Charles-Quint. Ce fut toutefois avant le 12 novembre 1524, car, à cette date, les maire et jurés d'Avesnes sollicitèrent de nouveau de la ville de Mons une provision de poudre. Le conseil de ville de Mons n'accueillit pas cette demande, pas plus que celle du seigneur de Trélon, qui réclamait pour la défense de son château un tonneau de poudre fine et douze arquebuses (1).

Peu d'années après les évènements que nous venons de raconter, des travaux importants furent faits aux fortifications d'Avesnes. Les maïeur et jurés d'Avesnes, qui les entreprirent en 1533, à l'instigation de Louise d'Albret, princesse de Chimay et dame d'Avesnes, voulurent mettre leur cité à l'abri de nouvelles surprises.

Novembre 1884.

---

(1) « Monsr de Trelon, ayant son chasteau sur les frontières, a requis à la ville ung thonneau de fine pouldre avecq xij harquebuttes.

» Messieurs les maire et jurez d'Avesnes, ville frontière, ont requis, pour la garde d'icelle ville, avoir quelque provision de fine pouldre.

» Conclud, sur ces deux parties requises à la ville, de prétendre à touttes excuses et leur faire remonstrance d'eulx pourveoir pardevers Madame, aussi de Monsr le prinche et cappitaine général. » Reg. des consaux de Mons, f° cij.

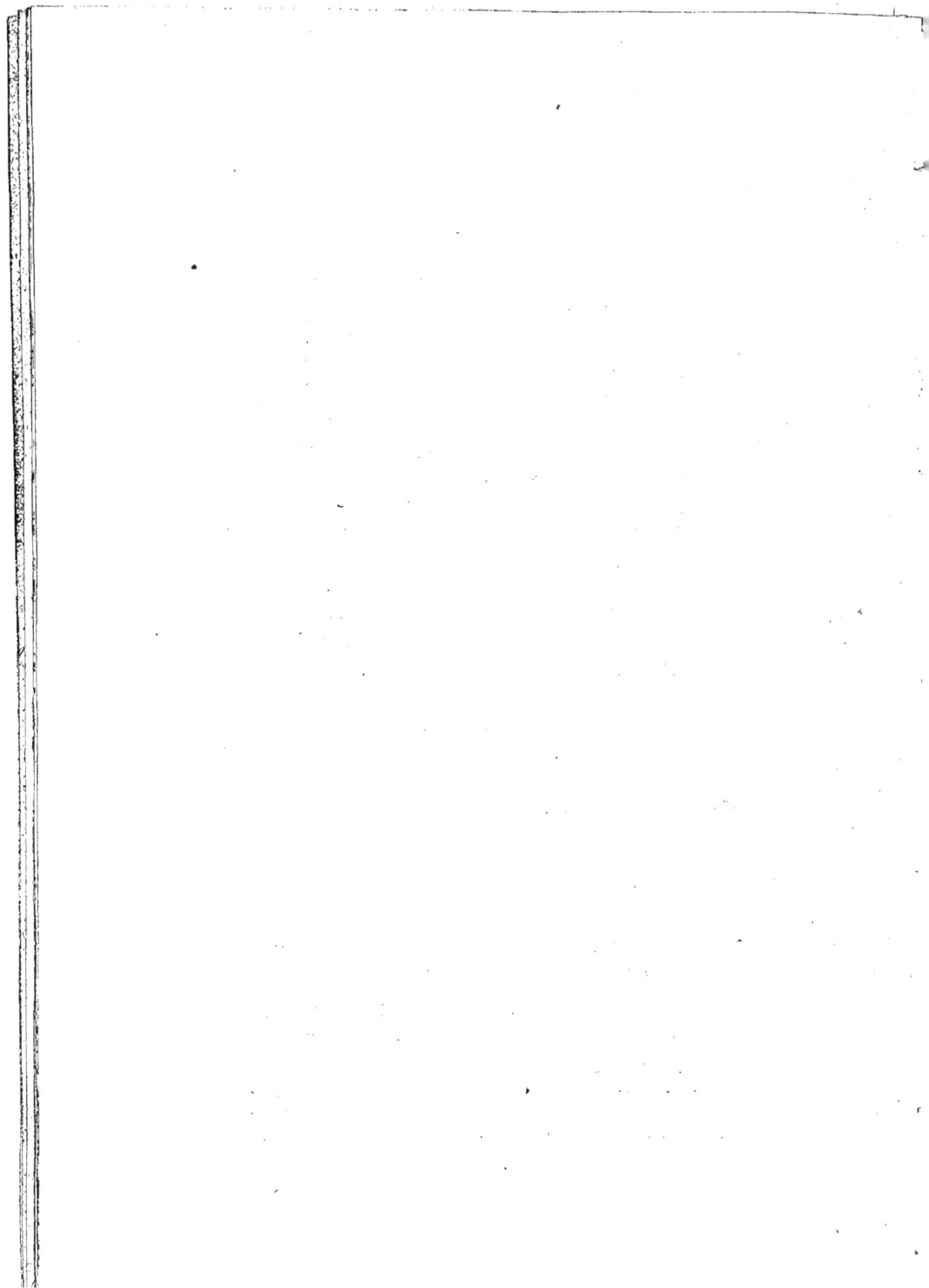

ANNEXES

I.

Lettre de Marguerite d'Autriche, régente des Pays-Bas, mandant au grand bailli de Hainaut de faire publier dans la province l'ordre à tous les hommes valides de se tenir prêts à marcher à la défense des frontières.

2 avril 1523 (1522 v. st.), à Malines.

Très chier et bien amé. Nous nouvelles que les Francois, en nombre de vj à vij^m hommes à pie,. la plus part gens de pays et de ij^e hommes d'armes, avec quelque artillerie, se soient assemblez en intention de faire coursse en Haynnau et de s'essayer à prendre Avesnes, Landrechies, Maubeuge ou autre ville ou fort dudit pays et, à ceste cause, escripvons au seigneur de Trazignies, capitaine général de Haynnau, se tirer à la frontière et faire tenir ceulx du pays de Haynnau prestz pour soit tirer et trouver où l'affaire sera ; nous vous requerons faire publyer par tout Haynnau que tous hommes puissans porter armes, chacun selon son estat, prest pour, ou son de la cloche, se trouver à la défense du pays, où l'affaire poura estre et n'y veulliez faillir. Très chier et bien amé, Nostre-Seigneur vous ait en sa garde. Escript à Malines, le second jour d'avril l'an xxij.

Ainsi signé : MARGHERITTE. Et de secrétaire : DU BLIOU.
Et sur le dos : A nostre très chier et bien amé, le
grand bailly de Haynnau.

> Transcrit dans le recueil intitulé : *Man-*
> *demens publyez en Haynnau de par*
> *l'Empereur nostre sire, pour le bien*
> *d'iceluy pays , appertenant à Gilles*
> *du Sausset, clercq, fº vij. —* Ar-
> chives communales d'Enghien.

II.

Mandement du grand bailli de Hainaut de faire
enrôler tous les hommes valides, de 20 à 50 ans et
de les tenir prêts à marcher pour la défense du pays.

19 décembre 1525.

Très chier et bon amy. Pour les nouvelles à nous
présentement survenues des Francois qui, la nuict
passée, ont pris le ville d'Avesnes et qu'il fait à
craindre et doubter qu'ilz tacheront à venir plus avant
en pays, pour y faire d'autres emprinses, à quoy
désirons singulièrement pourveoir et y remedier. A
ceste cause, nous vous ordonnons, de par l'Empereur et requerrons, de par nous, bien à certes, que,
incontinent et sans aucun delay, vous faites passer à
monstres et reveues tous les mannans et habitans
ès meltes de vostre office, depuis l'eaige de xx jus-

ques à l ans, puissans pour porter armes et les faictes
enroller et enregistrer par noms et surnoms, en nous
envoiant à diligence ledit rolle, et à iceulx ainsy passez
à monstres faictes commandement, de par ledit seigneur Empereur, qu'ilz se tiennent prestz, armez et
embastonnez, pour, au son de la cloche ou autrement, marcher en tel lieu et soubz tel personnaige que
leur ordonnerons, et qu'il n'y ait faulte. A tant, très
chier et bon amy, Nostre-Seigneur soit garde de vous.
De Mons, le xix° jour de décembre xv° xxiij.

Transcrit dans le même recueil f° xv, v°.

IMPRIMERIE L. CRÉPIN

PATIENTIA

DOUAI